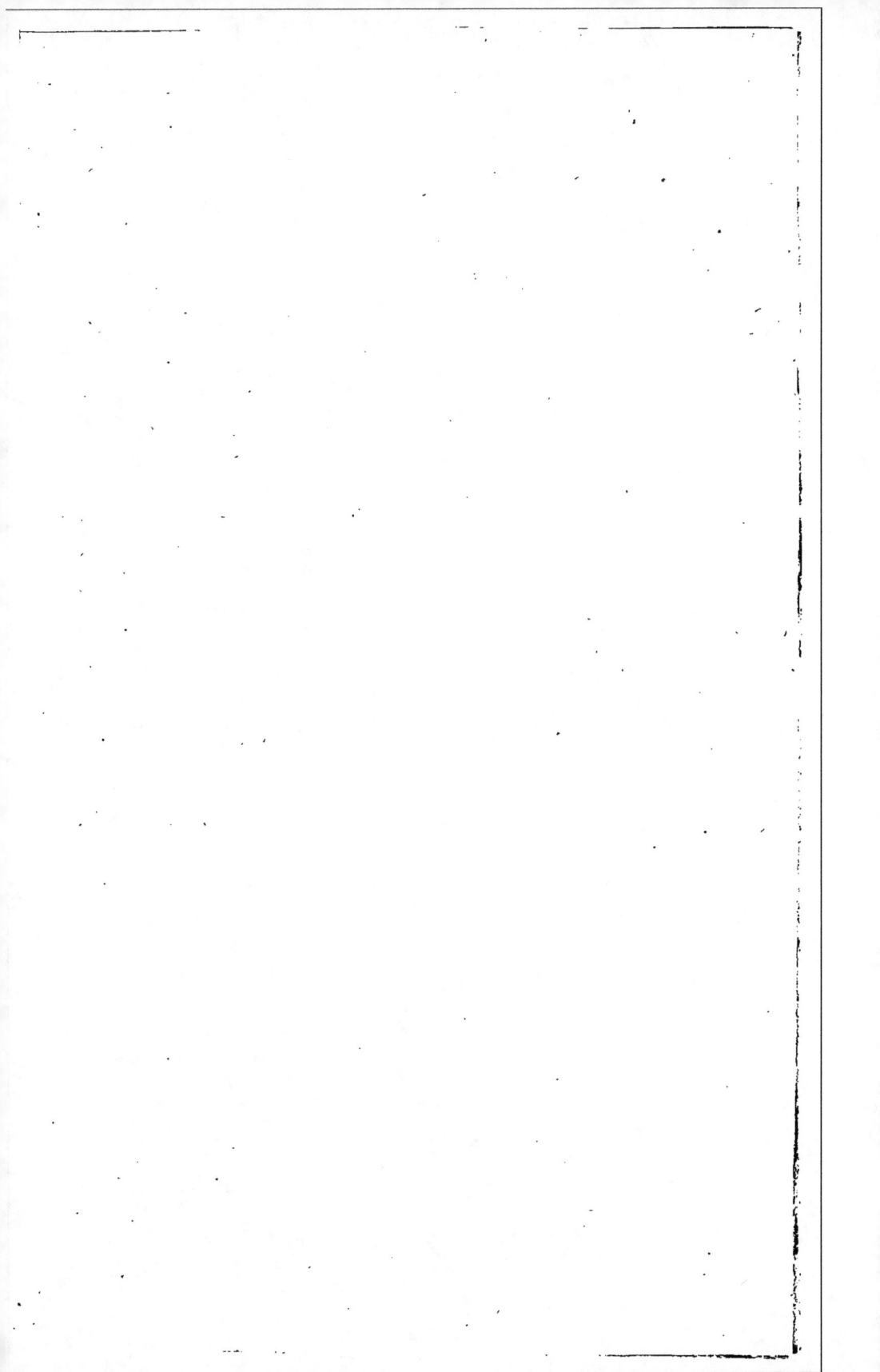

14

LK 20

DISCOURS

PRONONCÉ

A L'ASSEMBLÉE GÉNÉRALE

DU TIERS-ÉTAT

DE BRESSE,

Tenue à Bourg, les 23 & 24 avril, avec la permiſſion de Sa Majeſté;

Par M. RIBOUD, procureur du roi au bailliage de Breſſe & ſiege préſidial de Bourg, de l'académie des ſciences, arts & belles-lettres de Dijon.

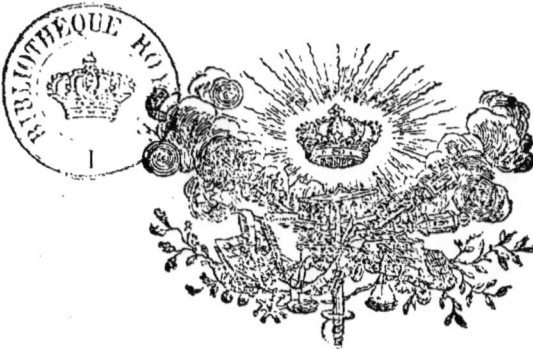

M. DCC. LXXXI.

DISCOURS

Prononcé à l'Assemblée générale du Tiers-État de Bresse, le 24 avril 1781.

Messieurs,

Cette assemblée, dont nous sommes témoins pour la premiere fois, présente par sa solemnité, par la nature des objets qu'on y arrête & leurs rapports étroits avec tous les citoyens, le spectacle le plus intéressant pour un habitant de cette province ; sa sûreté, ses besoins, ses agréments même y sont prévus & discutés .... : entraîné par des motifs si puissants, il doit aimer une administration à laquelle il a véritablement part, puisque ceux

A 2

qui la compofent le repréfentent & agiffent
en fon nom. Mais cé qui doit encore la lui
rendre chere, c'eft qu'on y retrouve des traces
d'une liberté que l'on fe rappelle toujours avec
plaifir, même dans le gouvernement le plus
doux & le plus jufte ; c'eft que fa forme eft
une des plus fages qu'on puiffe efpérer, puifqu'elle a de grandes reffemblances avec les
adminiftrations provinciales, & qu'elle parti-
cipe de la conftitution des pays d'états.

Permettez-nous quelques réflexions pour le
développement de ces dernieres idées, elles
nous fourniront enfuite l'heureufe occafion de
manifefter des fentiments que vous partagez
tous..... Nous ne pourrons les exprimer que
bien foiblement, mais notre langage fera celui
d'une ame fenfible !

PREMIERE PARTIE.

LES provinces qui ne font abfolument dirigées que par des mains étrangeres, voient fouvent leurs intérêts ou mal entendus ou légérement fervis, leurs adminiftrateurs s'occupent peu d'améliorer le fort des pays qui leur font confiés, ils fe bornent à remplir une tâche lucrative, & rarement ils defcendent à des détails utiles. Ces inconvénients font bien moins à craindre dans celles qui jouiffent du droit d'avoir des repréfentants, & qui, par leur miniftere, peuvent faire entendre leurs plaintes & connoître leurs befoins. Honorés de la confiance de leurs concitoyens, ces repréfentants ne négligent rien pour la conferver; plus à portée d'apprécier & de voir, ils peuvent rendre de plus grands fervices, par-tout ils trouvent du bien à faire, & chaque inftant leur fournit l'occafion de fervir leur patrie.

L'efpoir de ces avantages a peut-être autant contribué à l'établiffement des états généraux & des états provinciaux, que les circonftances politiques & les événements qui femblent leur

A 3

avoir donné naiſſance. Les peuples ſentirent
que communiquant directement avec le ſouverain par leurs mandataires, ils feroient
aſſurés d'implorer toujours avec ſuccès ſa
juſtice & ſes lumieres, & de faire arriver
leur douleur au pied de ſon trône. D'un autre
côté, connoiſſant mieux leurs propres forces,
& capables par là de voir au vrai ce que
chaque individu pouvoit ſupporter dans la
maſſe de l'impôt, la répartition devoit en
être plus équitable; les princes reconnurent
l'avantage de cet arrangement, parce que les
deniers arrivoient plus directement à eux,
& qu'ils avoient la ſatisfaction de traiter avec
leurs enfants.

La Breſſe peut être miſe au nombre des
pays d'états, quoique le commiſſaire départi
par ſa majeſté ait une grande influence ſur
ſon adminiſtration. En effet, les trois ordres
y tiennent des aſſemblées, ils ont des ſyndics
chargés de leurs affaires, ils fixent entr'eux
la quotité de ce que chacun doit ſupporter
dans certaines impoſitions (a). La province
eſt diviſée en mandements qui envoient tous

(a) Quelques-uns ont même été abonnés ancienne-
ment, quoique leur quotité ait beaucoup varié. Telle
eſt la taille.

un député aux assemblées générales ; ces députés peuvent y proposer, au nom du mandement qu'ils représentent, les objets qu'ils croient intéresser le bien général ou particulier: on discute les propositions, & la détermination de l'assemblée étant consignée dans les cahiers, passe ensuite sous les yeux de sa majesté par le ministere du premier syndic. Chaque article reçoit la réponse du souverain, & il arrive par là, que la motion d'un simple particulier donne quelquefois lieu à une décision, à un établissement avantageux pour tout un pays.

Un pareil ordre est aussi simple que bien vu, & il est difficile que l'avantage public n'en soit pas le résultat. Parmi nous, chaque citoyen peut avoir l'œil sur ce qui l'entoure, observer les abus, remarquer le bien à faire, former un projet utile & en amener l'exécution. Ses observations sont portées à l'assemblée générale par le député du mandement, & cette assemblée s'empresse d'accueillir ce qui peut être utile, avec autant de sagesse qu'elle en apporte à répudier les demandes frivoles ou dangereuses. Par ce moyen les droits sont conservés, les privileges défendus, les entreprises réprimées. Si l'intérêt cherche à dérober aux administrateurs une trame injuste, alors

A 4

un député peut leur dévoiler ce que l'éloigne-
ment ou des occupations multipliées leur empêchent de connoître ; leur zele inftruit brife
alors avec fuccès les armes de l'injuftice , ils
prennent la place du peuple pour lutter contre
elle , & fi elle a employé des refforts dangereux & puiffants , ils vont la combattre jufqu'auprès du trône , & le miniftere éclairé par
leur organe la confond avec éclat.

Il eft donc vrai de dire qu'en Breffe , le
fimple particulier peut influer fur les opérations de l'adminiftration , & qu'il a une
correfpondance réelle avec le fouverain. Cette
correfpondance peut être comparée à celle
qui exifte entre une fuite de corps élaftiques
placés fur la même ligne ; quel que foit le
nombre des corps intermédiaires , l'impulfion
donnée au premier eft fenfible fur le dernier ,
& cet effet a toujours lieu dans la nature ,
quand un obftacle étranger & non prévu
ne vient pas l'interrompre. Ainfi l'impulfion ,
imprimée par un citoyen au mandement réuni ,
eft tranfmife par le député à l'affemblée générale , & celle-ci la porte jufqu'au prince par
l'intermede de l'adminiftration.

Cet inftant femble attefter encore la vérité
de cette correfpondance & la fageffe de la
forme établie parmi nous. Nous pouvons en

quelque maniere nous flatter à cet égard du
fuffrage du gouvernement , puifque notre
adminiftration fe rapproche beaucoup de
celle que plufieurs provinces viennent de rece-
voir avec empreffement.

Oui, MESSIEURS, les *adminiftrations*
provinciales ont de grands rapports avec la
nôtre. Convoquées tous les deux ans , elles
font compofées d'un certain nombre de
propriétaires tirés de différents ordres de
citoyens , & dans l'intervalle ils font repré-
fentés par des députés. En Breffe , les trois
ordres tiennent leurs affemblées de trois
ans en trois ans , ils ont des fyndics qui les
repréfentent.

Le tiers-état , dans les *adminiftrations pro-*
vinciales, compofe le plus grand nombre des
propriétaires gérants , & chez nous ce même
tiers-état agit par le miniftere d'un confeil ,
de trois fyndics , & un grand nombre de dé-
putés * affiftent à fon affemblée ; ils font tous *yingt-quatre.
propriétaires , & la plus grande partie d'entre
eux eft domiciliée dans les campagnes.

Les affemblées des *adminiftrations provin-*
ciales ne peuvent être convoquées fans per-
miffion , on ne peut en nommer les membres
& les procureurs fyndics qu'avec l'approbation
de fa majefté ; les mêmes reffemblances exif-

rent parmi nous, & le conseil ne peut être rempli que de l'aveu du souverain.

Les fonctions des *administrations provinciales* se bornent à répartir les impositions, à proposer au roi les plans les plus utiles, à écouter les plaintes des particuliers, à veiller à la confection des routes, *à chercher enfin*, dit M. Necker, « tous les moyens nouveaux » de prospérité qu'une province peut déve- » lopper, & à les présenter ensuite à sa ma- » jesté. » Nos administrateurs ne font pas, il est vrai, la répartition de la taille, mais les syndics des trois ordres font chargés de celle des vingtiemes, & ils en font la vérification. Le conseil de province représente les comités des *administrations provinciales*, & s'occupe, comme eux, de tout ce qui peut intéresser le pays ; c'est lui qui veille aux travaux publics, aux routes, aux manufactures de la province, c'est enfin lui qui adopte des plans utiles & qui prépare leur exécution.

Vous voyez donc, MESSIEURS, que les rapports entre les deux formes d'administration font nombreux, & que des deux côtés les peuples peuvent espérer le bien, parce que leurs intérêts font confiés à des citoyens dont le patriotisme doit animer le zele. L'unique différence remarquable qui subsiste, c'est que dans les *administrations provinciales*, les travaux du commissaire départi font beaucoup moindres qu'en Bresse, ses pouvoirs sont plus limités, ses décisions moins fréquentes & moins impératives. Mais si la grande autorité est dangereuse dans les mains d'un homme seul, quand il en fait un usage léger ou quand il s'occupe peu de voir & d'approfondir, le danger cesse lorsqu'elle est confiée à un magistrat prudent & éclairé ; & il arrive alors, pour nous servir des termes de M. Necker, » qu'un homme de ce caractere a de l'avan- » tage sur une administration collective, le » combat des opinions n'arrêtant point sa » marche, l'unité de pensée & d'exécution » rend ses succès rapides. »

Cette conséquence est bien sensible en cet instant pour la Bresse. M. l'intendant, rempli du désir du bien, offre la réunion rare des qualités qui le font éclore promptement; né au milieu des grands modeles, il a reçu de la nature tout ce qu'il faut pour leur ressembler. Ses connoissances en tous genres le portent à l'extrêmité d'une carriere où d'autres à son âge font à peine le premier pas ; l'élévation de son ame & l'esprit de justice qui le guide éteignent totalement la différence qui peut exister entre les *administrations provin-*

ciales & la nôtre. L'avantage demeuré même
en ce moment, de notre côté ; c'eft à M. de
Brou que nous le devons, il eft le magiftrat
dont a parlé M. Necker, & nous nous félici-
tons de pouvoir dire, au nom de tous nos concitoyens, qu'il ne nous laiffe d'autre défir à
former que celui de le voir long-temps à la
tête de la province.

Si après avoir jeté les yeux fur l'enfemble
de notre adminiftration, nous les ramenons
fur ceux qui la compofent, nous demeurons
certains que fa comparaifon, avec les *adminif-*
trations provinciales, peut être foutenue dans
tous les points. Des adminiftrateurs qui cher-
chent à fe rendre vraiement dignes de la
confiance dont ils font honorés, trouvent
par-tout du bien à faire, des abus à réformer ;
le zele qui les anime leur préfente fans ceffe
l'occafion d'en multiplier les heureux effets ;
ils favent que toutes les confidérations particulieres d'intérêt & de puiffance doivent dif-
paroître quand il s'agit du bien ; attentifs aux
réclamations du foible, & méconnoiffant les
perfonnes avec une noble fermeté, ils n'exa-
minent que leurs prétentions refpectives, &
ne voient que l'intérêt public & la juftice....
Heureufes les provinces qui peuvent fe flatter
de pofféder de pareils citoyens ! Heureufe la

Breſſe de les retrouver avec ces caracteres
précieux, dans ceux qui ſont actuellement
chargés de ſes intérêts ! Les ſyndics & les
membres du conſeil, appellés à la confiance
du public par leurs qualités perſonnelles, n'ont
point trompé ſon eſpoir ; pénétrés de l'im-
portance de leurs fonctions, nous les voyons
s'y livrer avec autant de prudence que d'attention ; ſincérement attachés à une province
dont ils ſont dignes , nous les voyons con-
ſerver ſes privileges avec vigilance, combattre
avec activité les prétentions de voiſins entre-
prenants & inquiets ; ne reſpirant que pour
l'ordre & l'intérêt général , toutes leurs démarches ſe dirigent vers ce but ſacré, ils y
arrivent & y reçoivent la plus belle récom-
penſe que puiſſent déſirer les gens en place,
l'eſtime publique.

C'eſt avec elle qu'ils parviennent à mériter
la protection & les bontés d'un monarque
uniquement occupé du bonheur de ſon peuple ; c'eſt avec elle qu'ils peuvent devenir
dignes du miniſtre vertueux & grand que
nous devons à ſon diſcernement paternel!

Ce feroit ici, MESSIEURS, le terme
naturel de ce diſcours ; mais en vous rappellant M. Necker, feroit-il poſſible de ne pas
parler de ce que lui doit la nation ? La

reconnoiffance publique demande un tribut....
qu'il nous foit permis de lui confacrer quelques inftants, on ne compte point leur durée
quand il s'agit de remplir un devoir fi facré ;
& dans cette affemblée folemnelle, la Breffe
doit attacher une fleur à la couronne que
toutes les provinces & tous les amis de la
patrie placent fur la tête de ce miniftre.

SECONDE PARTIE.

Si nous voulions peindre ce génie heureux
& rare, qui fait à la fois embraffer l'enfemble
& les détails d'une grande maffe, faifir les
objets fous tous leurs rapports, unir l'intérêt
général à l'intérêt particulier, & les fervir
tous deux fans les affoiblir, nous vous préfen-
terions M. Necker....; nous le montrerions
affis dans fon cabinet au milieu des vertus,
& confidérant d'un œil attendri l'image de la
France & celle de notre monarque....; vous
le verriez prévoyant tout, combinant tout
pour le bonheur des peuples & la gloire de
l'état; nous vous ferions admirer cette fageffe
de vues, cette profondeur de lumieres, cette
jufteffe d'idées qui affurent les fuccès, ce don
rare de connoître les hommes, ce talent difficile de trouver des reffources puiffantes qui
ne foient point onéreufes, cet art unique de
maintenir l'équilibre fage qui naît de la con-
noiffance des forces.... Mais incapables de
tracer ce tableau avec l'énergie majeftueufe
qu'il mérite, & la vérité d'expreffion qu'il
comporte, nous allons nous borner à une
foible efquiffe ; & le précis fimple de fon

administration, vous développera plus éloquemment que nous, MESSIEURS, sa supériorité dans les affaires publiques, & ses vertus particulieres.

AFFAIRES PUBLIQUES. Au moment où il a été appellé au ministere, les finances étoient enveloppées d'un voile que le désordre, la mauvaise foi & la multiplicité des objets rendoient impénétrable depuis Colbert : quelques ministres avoient tenté de le soulever, mais le temps avoit manqué aux uns, & les forces aux autres. Ce n'étoit cependant que par ce travail difficile, mais indispensable, qu'on pouvoit espérer de connoître une machine aussi compliquée, d'en balancer les mouvements, d'en séparer tous les ressorts inutiles, & d'en savoir enfin parfaitement les résultats.

Ordre dans les finances. M. Necker l'acheva avec autant de succès qu'il avoit eu de courage à l'entreprendre : tout fut classé, tout fut éclairci, & l'on vit avec étonnement qu'on dépensoit vingt-quatre millions de plus qu'on ne recevoit. Le mal reconnu, il s'agissoit d'y remédier : l'esprit de bienfaisance & de bonté qui anime & le prince & le ministre, répugnoit aux *nouveaux impots, palliatifs violents, toujours dangereux & souvent inutiles.* M. Necker découvrit des remedes plus doux & plus efficaces, c'étoit

le

le rétabliſſement du crédit public & l'écono- *Crédit public.*
mie. Ayant apporté dans le miniſtere les
talents qui l'avoient diſtingué comme particulier, il y fut auſſi accompagné du crédit dont
il avoit joui dans le commerce. Un grand
eſprit d'ordre, beaucoup de bonne foi dans
les opérations, des combinaiſons juſtes (b),
des établiſſements ſages furent les baſes ſur
leſquelles s'appuya la confiance publique ;
l'état, qui depuis long-temps paſſoit pour le
plus mauvais débiteur du royaume, reprit un
crédit perdu, & l'on vit renaître avec lui les
forces & la puiſſance.

L'économie contribua beaucoup à une ré- *Économie.*
volution ſi prompte ; ſon œil ſévere fut porté
dans les grandes affaires & dans les détails ;
le miniſtre, comme il le dit lui-même, *ſe mit*
à la pourſuite de tous les abus & de tous les
gains inutiles. Le champ étoit vaſte ; & outre
la difficulté qui provenoit de ſon étendue, on
devoit s'attendre à être arrêté à chaque pas
par la jalouſie & l'intérêt perſonnel. Leurs
cris ſe firent entendre, leurs ſatellites furent
armés....; le ſage les vit, il fut ferme, &
triompha.

(b) Caiſſe d'eſcompte, loi ſur la comptabilité, lote-
ries, &c.

Reformes. Une foule de libéralités arrachées par l'im-
portunité, ou surprifes par de faux expofés,
attirerent d'abord fon attention : on vit difpa-
roître ces dons abufifs, connus fous le nom fin-
gulier de crouppes, &c. Les profits énormes de
la finance furent réduits, les intendants de cette
partie fupprimés; le nombre des fermiers,
des tréforiers & des receveurs généraux fut
confidérablement diminué; l'on divifa la perception de tous les droits entre trois compa-
gnies. Les travaux furent fimplifiés, & par ce
moyen, les bénéfices font devenus beaucoup
moins nombreux & moins confidérables.

Maifon du Le bien n'eût été opéré qu'imparfaitement,
roi. fi le miniftre eût borné là des réformes falu-
taires. L'efprit de fageffe en indiquoit une
importante, mais dont l'exécution avoit paru
jufqu'ici impoffible ; c'étoit celle de la maifon
du roi. Il s'agiffoit de toucher à une maffe
brillante que l'on croyoit néceffaire à la majefté du trône ; c'étoit attaquer une partie
auffi délicate chez les grands feigneurs que
dans le refte des hommes, l'intérêt.... Comment efpérer que le monarque auroit affez de
force pour ne pas être ému par les follicita-
tions de fes grands officiers, pour ne pas
céder aux prieres de fes ferviteurs ? Ne
devoit-on pas redouter auffi les intrigues

fecretes, les menées dangereufes, la colom-
nie, la vengeance? Mais leurs mouvements
n'abattent point une ame forte.; elle les
attend fans trembler, & fait les vaincre fans
paroître les appercevoir.

Vainement les vagues irritées menacent
d'écrafer un rocher par leur chûte, elles arrivent, fe brifent, & fa tête majeftueufe do-
mine toujours fur les eaux. Le roi adopta la
réforme; & ce prince fe dépouilla de l'appareil de la grandeur pour ménager fes fujets;
cette privation fut pour lui une jouiffance : il
reconnu que ce n'eft pas dans le fafte inutile
d'une cour pompeufe, mais dans le bonheur
des peuples, que confifte celui du fouverain....;
& il fe rappella que le grand Henri parcou-
rant les campagnes fans fuite, avec un pour-
point déchiré, n'imprimoit pas moins de
vénération & d'attendriffement dans cet état,
que lorfqu'affis fur un trône brillant, il étaloit
à des ambaffadeurs étrangers toute la magnificence de fa cour.

Des facrifices auffi beaux affurent bien
mieux la gloire d'un empire, que les victoires
& les conquêtes. On doit tout efpérer d'un
prince qui en eft capable, & tout attendre de
la nation qu'il gouverne... « Cette nation,
» monarque augufte, ne vous a encore vu que

B 2

» pour sentir vos bienfaits : toujours guidé par
» la bonté & la justice, vous ne respirez que
» son bonheur...; toutes vos démarches nous
» ont prouvé que ce sentiment seul vous ani-
» moit.... Le ciel vous fit le chef d'un grand
» royaume, mais vous avez acquis vos sujets;
» & quand un roi possede leurs cœurs, il pos-
» sede aussi leur sang & leurs fortunes. Quels
» princes, quels rivaux peuvent alors égaler
» votre puissance & vos ressources ? Un ora-
» teur Anglois (c) vient de vous présenter à
» sa patrie comme un modele : ce suffrage,
» donné au milieu d'un sénat ennemi, vaut
» une grande victoire ; & quand la suite des
» siecles aura fait oublier que le fils de Phi-
» lippe Auguste fut couronné sur les bords de
» la Tamise (d), on se rappellera encore
» l'hommage honorable que votre majesté y
» a reçu, malgré la haine nationale & les
» fureurs de la guerre. Charles le Sage, dont

(c) Le lord Burke. Voyez le mercure de France,
3 mars 1781.

(d) C'étoit Louis VIII, fils de Philippe Auguste. Les
Anglois ayant chassé Jean sans Terre, Louis fut pro-
clamé roi à Londres. Jean sans Terre mourut errant,
& Louis ne garda la couronne d'Angleterre qu'une
année ; il fut obligé de la céder à Henri III, fils de
Jean.

» vous avez le trône & les vertus ; difoit
» fouvent : *qu'il ne trouvoit les rois heureux*
» *qu'en ce qu'ils ont le pouvoir de faire du bien.*
» C'eft de ce pouvoir précieux dont vous faites
» chaque jour un fi noble ufage, & c'eft par
» cet ufage feul que nous fentons votre domi-
» nation ! Le François, qu'on accufe de légé-
» reté, n'en eut jamais pour fes rois.... Votre
» nom, ô Louis ! eft écrit pour jamais dans
» fon cœur à côté de ceux de Charles V &
» de Henri IV, & la poftérité adorera tou-
» jours votre image fur l'autel de la recon-
» noiffance, avec celles de ces deux grands
» monarques ! »

Il eft réfulté de cette bonté du prince, & *État actuel des finances.*
de cette adminiftration ferme du miniftre,
qu'au milieu des alarmes de la guerre & des
dépenfes exceffives qu'elle entraîne, fans nouvel
impôt, la recette du tréfor royal excede actuellement la dépenfe de plufieurs millions (e).
Ce réfultat fait le plus bel éloge de celui qui
l'a opéré ; il eft le garant le plus puiffant &
le plus irréprochable de fon adminiftration.

Peu jaloux de réunir fur lui une portion *Comité.*
confidérable d'autorité, & de fe réferver des

(e) 27,700,000 liv. , dont 17 en remboursements.
Voyez le compte rendu.

B 3

travaux purement lucratifs, M. Necker s'est dépouillé d'une grande partie des affaires contentieuses dont le contrôleur général étoit le seul juge ; & convaincu que leur multiplicité empêchoit à ce ministre de les voir avec l'attention qu'elles méritent, on en a attribué, par son conseil, la décision à un tribunal qui s'en occupe avec autant d'activité que de lumieres, & par ce moyen les peuples reçoivent une justice prompte & assurée.

Administrations provinciales.

Certain qu'il est important de confier aux provinces une partie de leur administration intérieure, que la répartition ne peut être faite avec plus d'équité que par les habitants eux-mêmes, que personne ne peut mieux qu'eux voir le bien à faire & les abus à éviter, M. le directeur général a engagé sa majesté à faire l'essai de quelques *administrations provinciales*, avec lesquelles celle de notre province a des rapports que nous avons mis sous vos yeux. Mais les ayant proposé avec modestie, il a voulu que son plan à cet égard fût vu de toute la nation, pour que l'expérience instruisît sur ses inconvénients & ses avantages. Mérite rare d'un ministre, qui veut que le bien soit le fruit de l'étude & de la réflexion ! Abdication admirable des jouissances de l'amour-propre, qui aime toujours à généra-

fifer fes projets, fur-tout quand ils peuvent
attirer quelques applaudiffemens à leur auteur!

M. Necker ne pouvoit voir avec indifférence   *Commerce*
le commerce fon bienfaiteur ; il favoit qu'il
étoit une fource de richeffe qui l'a fait nommer
le *nerf d'un état*, qu'il augmente fa puiffance
active, développe l'induftrie, & multiplie les
reffources en tous genres.... Auffi, comme
Colbert, a-t-il dirigé une partie de fes vues
pour le favorifer. Les entraves funeftes des
péages ont difparu dans les domaines du roi ;
la main-morte, ce monftre né fous un gouvernement que l'on ne fe rappelle qu'en gé-
miffant, a été également aboli dans les pof-
feffions de fa majefté ; & le *droit de fuite*,
plus barbare encore, a été profcrit dans tout
le royaume. De telles loix font encore plus
favorables à l'humanité qu'au commerce, &
elles confacrent à jamais la mémoire du prince
de qui elles font émanées. Des traités favorables ont protégé le commerce au dehors,
des loix fages fur les manufactures ont affuré
l'établiffement des unes & la profpérité des
autres, un prix annuel a été établi pour le
citoyen dont les lumieres contribueront le
plus aux progrès des arts. C'eft par des moyens
de cette efpece, qu'on fait éclore des talents
utiles, qu'on augmente la grandeur d'une

nation , & qu'on lui affure une fupériorité en tous genres. Nous fentons déjà les avantages de tant de mefures patriotiques , & ils feroient plus multipliés fans une guerre faite pour le commerce lui-même ; mais cet événement néceffaire ne fait que retarder un moment la végétation de l'arbre, pour verfer enfuite dans fes canaux une feve plus abondante , lui faire produire des jets nombreux , & le montrer chargé de meilleurs fruits.

Efpérances... Projets. A des biens auffi fenfibles, vient fe réunir l'efpoir d'en éprouver de plus grands encore. Le *compte rendu* par M. Necker nous apprend que fa fage prévoyance lui fait préparer de loin des plans dont l'exécution demande plus de temps ou de travail préalable. Nous voyons dans ce monument immortel, qu'aucun des inftants de fa vie ne font perdus pour l'état ; il embraffe à la fois le préfent & l'avenir, & tous deux fe partagent fon cœur & fon temps.

Penfions, vingtiemes, taille, corvées, capitation. La diminution confidérable des penfions inu- tiles qui forment en France un objet de dé- penfe énorme (*f*), l'invariabilité des rôles de vingtiemes pendant l'efpace de vingt ans, la fixation équitable de la taille & les moyens

(*f*) Vingt-huit millions. L'Europe entiere n'en donne pas la moitié. Voyez le compte rendu.

de perfectionner fa répartition, la conversion de la capitation & des corvées en un impôt affis fur quelque objet de luxe, tels font en partie les projets avantageux pour l'exécution defquels nous formons des vœux avec ce mi-niftre.

On s'eft toujours égaré dans le dédale des *Contrôlei* décifions rendues relativement aux contrôles. Le particulier, incapable de les connoître, a toujours été jugé par le fifc, & le fifc étoit juge dans fa propre caufe.... Tout demande une nouvelle loi, qui, en ménageant les in-térêts du fouverain, puiffe prévenir les abus & les inconvénients de la forme actuelle : M. Necker s'en occupe ; & avec cette bonne foi qui caractérife l'amour du bien, il met les travaux faits par fon ordre fur cet objet, fous les yeux des magiftrats les plus éclairés du confeil ; il les communique aux parlements, afin que tout étant difcuté & prévu par les dépofitaires du pouvoir légiflatif, il puiffe ré-fulter, du plan & des obfervations refpectives, une loi fimple & fage, qui inftruife facilement chaque citoyen qui contracte.

C'eft par le même efprit qu'il fait examiner *Traites ;* & calculer les droits de traites, les aides & *aides, ga-belles.* les gabelles. Ce dernier impôt mérite fur-tout l'attention d'un monarque jufte & d'un miniftre éclairé. Ses abus avoient autrefois excité l'indignation de Sully (g), & le grand Colbert en avoit été également frappé ; mais il eſt plus aiſé de voir le mal que d'y apporter un remede. Comment remplacer le produit énorme de cet impôt ? Sur quel objet aſſeoir ce remplacement ſans fatiguer beaucoup quelque claſſe de citoyens ? L'uniformité du prix le préſente à M. Necker ; la ceſſation d'une inégalité prodigieuſe ſera même utile aux provinces qui paient actuellement le ſel au plus bas prix. On leur rendra des citoyens, des cultivateurs ; ils ne ſeront plus excités à des contraventions ſéduiſantes que l'on punit avec le glaive deſtiné aux ſcélérats ; on verra diſparoître des limites barbares ; pour maintenir un ordre né du plus grand déſordre, on ne ſoudoiera plus, à grands frais, des troupes nombreuſes ; elles ne ſeront plus armées contre les citoyens ; le François trouvera partout des amis & des freres, & la patrie ne gémira plus de voir employer à un uſage humiliant & barbare, des bras qui auroient pu l'enrichir ou la défendre.

Le bonheur de voir réaliſer ces eſpérances,

_____

(g) Ce miniſtre la manifeſte en divers endroits de ſes mémoires.

eſt réſervé au moment de la paix. L'agitation
de la guerre & ſes dépenſes, en abſorbant
tous les ſoins d'un miniſtre, l'empêchent de
ſe livrer à des travaux de bienfaiſance au
dedans ; & on lui doit beaucoup ſans doute,
quand, dans ces inſtants de criſe, ſa ſageſſe
nous épargne les maux ordinaires attachés à
ce triſte fléau. Ainſi nous verrons paroître
parmi nous l'heureuſe divinité de la paix, non-
ſeulement entourée des avantages ordinaires
que ſa préſence procure aux hommes, mais
encore accompagnée des biens qu'une ſage
adminiſtration nous permet d'entrevoir. C'eſt
à cette époque fortunée que le pere de famille
pourra ſe livrer ſans contrainte à la conſolante
occupation de rendre ſes enfants heureux ;
ſa tendre ſollicitude portera ſes regards ſur
chacun d'eux ; tous auront des graces à lui
rendre, & le ſpectacle de leur reconnoiſſance
lui fera goûter des plaiſirs que ne lui procu-
reroient jamais la puiſſance & la fortune !

  Ces vues de bonté, ces projets utiles ſont
manifeſtés dans le compte que M. Necker vient *Compte rendu.*
de rendre à ſa majeſté. C'eſt là qu'il paroît tel
qu'il eſt, c'eſt-à-dire, grand miniſtre & homme
de bien ; c'eſt là qu'il développe l'ame la plus
belle & la plus élevée..... On l'y voit faire
paſſer ſon adminiſtration ſous les yeux de ſon

maître avec cette noble affurance que l'on ne trouve que dans l'homme irréprochable ; il y parcourt fucceffivement tous les objets que nous venons de vous rappeller, & chaque pas démontre l'adminiftrateur éclairé, & l'ami de l'humanité. Suite d'opérations fagement com-binées, plans heureufement exécutés, chaîne d'événements auffi biens liés que prévus, tout y frappe, tout y porte dans les ames un fen-timent délicieux & long-temps inconnu.....

Le prince y jouit de la douce fatisfaction de voir fes défirs paternels remplis ; le fimple citoyen reconnoît, en le lifant, qu'on s'occupe de lui, & qu'on s'en occupe pour fon bonheur. En confidérant le bon ordre des finances, les craintes ceffent, la confiance s'accroît, le crédit public augmente, & le François s'apperçoit que l'on peut continuer une guerre malheu-reufement néceffaire, fans troubler fon repos, fans diminuer fon aifance : il fe livre alors pai-fiblement à fes travaux, il bénit fa fituation, il fent l'avantage précieux de vivre fous un maître qui veut le bien ; il fourit en comparant les forces impofantes de fa nation, les reffour-ces nombreufes auxquelles elle n'a pas encore touché, à la perplexité inquiete de fes enne-mis, à leurs dépenfes prodigieufes, & à leurs impôts plus exceffifs encore : il prend de fon pays l'idée noble que doit en avoir tout bon patriote, & fixant ses regards sur le passé, il apperçoit l'aurore du plus beau jour....

C'est pour la premiere fois que dans un grand état, dans une place où la vertu est exposée à des dangers aussi grands que les trésors auxquels elle préside; oui, MESSIEURS, c'est pour la premiere fois qu'on a vu un ministre des finances rendre publiquement compte de sa gestion, & déférer sa conduite au tribunal de son souverain. Ce n'est pas que la France ne puisse se féliciter d'en avoir vu plusieurs qui auroient été capables d'une pareille démarche, & qui l'auroient faite d'une maniere aussi honorable pour eux, & aussi satisfaisante pour le public (h); mais, ou l'idée ne leur en est pas venue, ou les circonstances leur ont empêché de l'exécuter. A la vérité, l'abbé Suger, dont le ministere a été si utile à la France sous Louis VI & Louis le Jeune, a composé un livre qui a pour titre (i) : *livre*

_____

(h) Tel est le cardinal d'Amboise; il étoit l'ami de l'état, & Louis XII en étoit le pere.

(i) *Sugerii abbatis liber, de rebus in sua administrasione gestis, in quo multa ad historiam Ludovici Grossi, & Junioris pertinentia annotantur.* Cet ouvrage est rapporté dans Duchesne, ainsi que plusieurs autres, *des chofes faites pendant l'adminiftration de l'abbé Suger, où font rapportés beaucoup de faits appartenants à l'hiftoire de Louis le Gros & de Louis le Jeune.* Mais cet ouvrage, comme vous le voyez par fon titre, n'eft point un compte de fon adminiftration, c'eft une relation des événements qui l'ont rendue remarquable, un recueil de faits tenant à l'hiftoire des deux princes; en un mot, ce font les annales d'un hiftorien. Sully donna la lifte de tous fes biens en entrant dans les finances, & il a détaillé dans fes mémoires ceux qu'il avoit acquis pendant fon miniftere, en défiant fes ennemis d'en contredire la fincérité. Colbert en fit, dit-on, autant (*k*); mais ces déclarations publiques, en prouvant la probité de l'ami de Henri IV & du grand miniftre de Louis XIV, ne font relatives qu'à leur fortune particuliere: ces hommes célebres ont voulu confondre jufqu'aux foupçons les plus injuftes; mais ils n'ont point foumis leur adminiftration à l'examen du public; ils n'en ont pas fait

relatifs à l'abbé Suger. Quelques critiques penfent que ce miniftre n'en eft point l'auteur, mais un moine de l'abbaye de St. Denis, dont Suger étoit abbé.

(*k*) Ce trait eft rapporté dans les vies des hommes illuftres de France. Voyez auffi l'éloge de Colbert, par M. Necker.

l'expofé ; ils n'ont point donné le tableau précis & raifonné de ce qu'ils ont reçu & dépenfé pour le roi, & de ce qu'ils ont fait pour le bien des peuples.

L'hiftoire des autres nations eft encore plus aride en traits femblables que celle de France, & il eft très-vrai de dire que le compte rendu par M. Necker, devient digne de fixer une époque mémorable dans nos faftes, puifqu'il eft fans exemple : la rareté d'une pareille démarche doit la mettre au nombre des grandes actions qui honorent l'Humanité, en immortalifant leurs auteurs. Auffi le parlement de Grenoble vient-il de le faire inférer dans fes regiftres, afin que, confondu avec les arrêts rendus au nom du prince, il devienne comme eux une loi éternelle, confacrée par le fuffrage d'une compagnie auffi diftinguée par fes lumieres que par fon patriotifme. Un tribunal qui a l'avantage d'avoir pour chef un magif- trat auffi connu fur le Parnaffe que chez Thémis (*l*), en a fait faire la lecture publique,

---

(*l*) M. François de Neufchateau. Cette lecture eft confignée, avec le difcours de ce magiftrat, dans le mercure de France, du 7 avril. Ce même officier, lors de l'enrégiftrement de l'édit des *mains-mortes*, avoit retracé une fuite des bienfaits émanés du trône depuis l'adminiftration de M. Necker.

en préfence de tous les habitants de Mirecour ; les étrangers, nos ennemis eux-mêmes l'ont fait traduire dans leurs langues, pour offrir à leurs adminiftrateurs un modele à admirer & à fuivre.

Celui qui ne craint pas le grand jour, ne craint pas non plus la cenfure ; celui qui ofe développer les motifs de fes actions & indiquer fa marche, ne redoute ni l'œil des méchants ni celui des jaloux.... Le miniftre qui, dans l'exercice des fonctions de fa place, *n'a vu que fes devoirs & l'efpoir de mériter l'approbation de fon maître* (m), fans facrifier au crédit & à l'autorité, peut paroître avec affurance, fa vertu lui fervira d'égide.... La critique a été défiée d'indiquer une faveur, une grace échappée à l'attachement & à la fimple protection ; elle eft reftée dans le filence....., & ce filence honore bien M. Necker. Le *compte rendu* a foudroyé l'envie, il a fait taire l'intérêt perfonnel, il a ramené les ames honnêtes qui s'étoient laiffé perfuader par fes cris, & en réfléchiffant que l'ordre général avoit demandé des facrifices qui ont coûté à la fenfibilité du miniftre,

----

(m) Compte rendu, pag. 103.

elles

elles se sont consolées de leur sort par la vue
du bien commun.

L'impression étonnante qu'a fait cet ouvrage sur l'Europe entiere, l'empressement
général, l'applaudissement de tous les François, vengent pleinement M. Necker de ces
clameurs obscures que tous les bons citoyens
ont prévu avec lui. Ceux qui ne doivent leur
existence & leur fortune qu'au désordre, peuvent-ils voir, sans douleur, le renversement de
leurs espérances coupables ? Peuvent-ils voir,
sans frémir, le regne de la cupidité détruit ?
Tristes du bonheur public, ils tâchent d'en
diminuer le sentiment..... mais ils se trom-
pent ; hélas ! S'ils approuvoient, nous versé-
rions des larmes, & les peuples doivent
toujours désirer de ne pas voir de leur avis,
cette classe d'êtres mercenaires, qui n'ont
d'autre patrie que le lieu où leur intérêt est
satisfait !

La jalousie, sans être guidée par un motif
aussi bas, a néanmoins manifesté ce chagrin
injuste que les succès du mérite lui occasionent.
« Qu'admire-t-on, s'est-elle écriée, qu'a-t-il
» fait qu'il n'auroit dû faire ? Gardez-vous de
» vous laisser séduire par un éclat trompeur,
» & n'attribuez pas à la vertu, ce qui n'est
» qu'une ostentation orgueilleuse..... »

« Déeffe de ténebres, a répondu la France,
» apprends que dans toutes les pofitions
» l'homme oublie fouvent fes devoirs ; l'ef-
» time publique eft due à celui qui s'impofe
» la tâche pénible de les remplir , & s'il y
» réuffit, nous lui devons notre reconnoif-
» fance. Nous avons jugé des faits & non pas
» des mots.... Ofe contredire ces réfultats
» précis ; nie, fi tu le peux, l'avantage de
» ces projets, le fuccès de ces opérations....;
» ne blâme pas la douce effufion de nos
» cœurs ; en l'ignorant tu perds des plaifirs.
» Oui, nous devons remercier celui qui a fu
» nous être utile, des biens qu'il nous promet
» encore; fa conduite paffée nous les garantit.
» Que la vanité, qu'un motif purement hu-
» main aient dicté une belle action, eft-ce à
» celui qui en recueille le fruit à en examiner
» la fource ? Le bien fubfifte , & ce n'eft que
» d'après lui qu'on doit prononcer. Pourquoi
» ravir à un homme vertueux la douce fatif-
» faction de parler de fa vertu ? Cette fainte
» hardieffe eft permife, elle eft le prix le plus
» intéreffant de fa façon de penfer. Heureux
» les hommes publics qui peuvent parler
» d'eux - mêmes fans offenfer la vérité , le
» ciel n'en multiplie pas affez les exemples
» pour le bonheur de la terre !

Le compte rendu est écrit avec la fermeté d'un homme qui dit vrai ; le dieu de l'éloquence ne pouvoit présider à un ouvrage plus digne de son feu sacré ; il a tenu la plume de M. Necker, & en donnant à son style la force, la clarté & la précision, il nous a montré tout à la fois un grand ministre & un bon écrivain. *Eloquence; talents littéraires.*

Ce titre lui étoit déjà acquis, *la législation du commerce des grains & l'éloge de Colbert*, nous avoient déjà prouvé que les talents de l'esprit s'unissoient chez lui au génie & aux qualités du cœur. La nature ne forme pas les grands hommes à demi, & tout ce qu'elle veut élaborer avec soin porte l'empreinte de la perfection.

Quelle profondeur n'admire-t-on pas dans le premier ouvrage ! Quelle justesse de jugement, quels calculs exacts & savants ! Quelle sagesse dans les mesures proposées, & quelle force dans la peinture des inconvénients à craindre ! Les opinions sur le commerce des grains ont presque toujours été partagées ; il s'est formé, dans cette partie, des sectes animées qui se sont abandonnées à des spéculations théoriques, dont on a toujours senti le vuide quand le besoin a parlé ; & malgré les raisonnements & les sophismes, les événe- *Législation du commerce des grains.*

ments ont toujours décidé de la conduite du miniftere. La défenfe totale de l'exportation eft auffi dangereufe que la liberté fans bornes ; une précaution fage dans un temps de difette devient inutile dans un moment d'abondance. Quand la terre nous donne des grains fuper-flus, il n'eft pas raifonnable de garder ce fuperflu ; il doit former un objet d'échange avec les nations voifines, & en s'obftinant à le conferver, on garde une maffe inerte, on fe prive de l'argent qu'elle auroit apporté ; l'agriculture fe néglige, parce qu'on croit avoir toujours affez, & il arrive que dans un temps de crife, on n'a fouvent ni bled, ni argent pour s'en procurer. D'un autre côté, ce feroit s'expofer à de grands dangers que de per-mettre en tout temps la libre exportation ; l'intérêt abufe facilement les individus, & fouvent ils fe dépouilleroient d'une fubfiftance néceffaire : le grand talent, en cette partie, eft de ne point tomber dans les extrêmes, d'arrêter ou de permettre la circulation à propos ; tout plan irrévocable à cet égard fera toujours nuifible, parce que les circonf-tances varieront toujours. C'eft dans l'ouvrage de M. Necker qu'on puife l'art difficile de les confulter & de les prévoir ; c'eft par des dif-cuffions auffi claires que profondes, qu'il nous apprend que la science du commerce des grains se réduit à l'étude des circonstances, à l'examen de la population d'un état, de ses productions & de ses besoins, & enfin au sage discernement du superflu & du nécessaire.

L'éloge de Colbert (*n*) ne pouvoit être bien fait que par un homme capable de lui succéder.... La gloire de ce ministre existoit, mais elle n'étoit qu'imparfaitement connue ; il avoit bien mérité de la patrie, mais la patrie avoit été ingrate.... L'ombre de ce grand homme demandoit un vengeur, M. Necker a parlé, & la France a versé des larmes sur le tombeau de Colbert.... Pour bien l'étudier, il falloit penser comme lui ; pour le bien louer, il falloit être lui-même ! En faisant le portrait de Colbert, M. Necker a fait le sien ; il l'a peint aussi grand que lui, & c'est dans cet ouvrage, rempli d'une éloquence sublime &

Eloge de Colbert.

(*n*) *L'éloge de Colbert* a remporté le prix à l'académie Françoise, en 1773. On ne peut le lire sans admirer la profondeur du génie & l'éloquence de l'orateur. Il y avoit joint des notes qui portent sur les questions les plus abstraites de la politique & du gouvernement, il en a fait autant de théorêmes simples. Cet ouvrage, dont M. Necker ne se fit pas connoître pour auteur sur le champ, le décela à la patrie. ....

de chofes profondément penfées, qu'il s'eft montré digne d'un miniftre qu'il a paru chôifir pour modele.

Jufqu'ici nous l'avons confidéré dans les travaux délicats & étendus du miniftere ; nous avons offert un hommage au génie, à la fermeté, à la bonne foi & aux talents de l'homme public : ce que nous avons dit de fon adminiftration, & ce qu'il a fait indique des vertus particulieres fur lefquelles il eft bien agréable d'arrêter fa vue, leur fpectacle eft auffi attendriffant que celui dont nous venons de jouir ; il eft précieux fur-tout quand on le voit dans les hommes qui, revêtus d'un grand pouvoir, ont tant de facilités d'en abufer & de fe méconnoître.

VERTUS PARTICULIERES.
Né dans cette claffe paifible chez laquelle des vues ambitieufes ne corrompent point les principes de moralité ; placé long-temps à une diftance égale de la richeffe & du befoin, il a toujours confervé cette fimplicité de mœurs, cette paffion du travail qui eft dans le commerce un figne infaillible du fuccès ; arrivé à la fortune, il ne vit jamais dans fes tréfors que des agents qui garantiffent du befoin, & fourniffent les occafions de faire du bien : cette derniere propriété eft la feule qui leur donne du prix aux yeux du fage, &

quand on la sépare de l'or, il n'est plus qu'un corps inanimé dont la possession est souvent funeste ; il ne changea ni la façon de penser, ni la maniere de vivre de M. Necker, & la place importante de ministre des finances n'en a point fait un autre homme : dans le sein des honneurs, il en méprise la vaine pompe, & l'élévation de son rang ne lui rappelle que les peuples & ses devoirs.

Simplicité de mœurs.

Entiérement consacré au soin de les remplir, il ne respire que pour nous, & le bonheur public est sa seule jouissance ! Malgré les détails immenses de sa place, il voit tout, examine tout, rien n'échappe à ses regards & à ses recherches. L'austère équité, assise sur son tribunal, dicte toutes ses décisions ; le foible peut, avec succès, y implorer cette divinité, elle écoute ses plaintes, pese ses raisons.....; rang, puissance, tout est écarté, & elle n'y juge que les droits ou les demandes.

Amour du travail.

Justice.

Cette vertu que tant de gens connoissent si peu, à l'existence de laquelle ils croient à peine, le désintéressement est venu se placer à la tête des finances ; il est si naturel à M. Neker, qu'il ne le regarde peut-être pas comme une vertu ; cependant, la connoissance qu'il a des autres hommes, doit lui prouver qu'elle en est une bien rare ; & la comparaison

Désinteressement.

doit l'élever à ſes propres yeux. Quelle no-
bleſſe, quelle maniere de voir délicate ne
ſuppoſe pas le déſintéreſſement ? Les hommes
accoutumés à n'écouter que leurs déſirs, & à
n'enviſager leur bonheur que dans les richeſſes,
ne conçoivent pas qu'il ſoit poſſible de les voir
avec indifférence, ... Sans parler de ces ames
viles, qui ne ſacrifiant qu'à l'or trouvent honnêtes tous les moyens de s'en procurer, où
ſont celles qui ont le courage de mépriſer
ce qui peut être acquis ſans remords ? Quel
homme a jamais dédaigné le prix légitime de
ſes travaux ? Quel miniſtre a jamais dit à ſon
ſouverain : « Vous m'avez jugé capable d'admi-
» niſtrer vos finances ; votre choix m'honore,
» & je vais chercher à m'en rendre digne ;
» la ſatisfaction d'être utile eſt le ſeul prix que
» je mets à mes ſervices; aſſez favoriſé de la
» fortune pour ne plus rien déſirer d'elle,
» permettez-moi d'être le premier à exé-
» cuter les plans d'économie que je vous
» propoſe. »

Fidele à ce langage, M. Necker n'a voulu
que des travaux ; il a renoncé à tous les bénéfices de la place la plus lucrative du royaume ;
il a refuſé tous les dons, toutes les gratifica-
tions que l'uſage avoit conſacré ; il n'eſt pas
de province, pas de ville qui ne puiſſe atteſter

[41]

à cet égard son désintéressement (o); les preuves en existent dans toute la France, & elles se renouvellent tous les jours.

Les sentiments de son cœur répondent à l'élévation de son ame, toutes ses actions respirent, comme celles de son maître, l'humanité, la bienfaisance & la douceur. ... « C'est » de vous que nous le savons, citoyens honnêtes & malheureux dont il a soulagé les » besoins.... Tristes habitants des séjours de » la misere & des regrets, nous entendons » les cris de votre reconnoissance.... » Aidé d'une compagne aussi sensible que modeste, il porte la consolation dans les demeures de la douleur ; touché du sort d'une classe d'êtres qui n'ont d'autres crimes à se reprocher que celui de leurs peres, il a pourvu à leur subsistance ; effrayé des effets funestes de la corruption & de la cupidité blâmable de ces nourrices mercenaires qui portent la mort dans le sang de ceux dont elles doivent soutenir la vie, il a étendu les établissements des bureaux de nourrices, il a favorisé une institution utile, qui, en

Sensibilité.
Bienfaisance.

Enfants-
trouvés.

_____

(o) La Bresse elle-même l'a éprouvé en particulier, car il a refusé la gratification que les états de cette province offroient au contrôleur-général, comme une foible marque de leur reconnoissance.

donnant aux enfants une nourriture étrangere, la leur tranfmet au moins falutaire & pure (p).

Hôpitaux. « Vous n'avez pas échappé à fon attendriffe-
» ment, infortunés, qui trouvez fouvent la
» mort dàns les lieux où vous allez chercher
» la fanté ! Des changements utiles, des
» réglements fages vont en purifier le temple,
» & rendre tous les jours des citoyens à la
» patrie. Sous la direction de fa vertueufe
» époufe, s'eft élevé un hofpice de charité,
» où les pauvres, bien nourris & placés dans
» des lits féparés, font fecourus avec foin,
» propreté & économie.....Enfin il a entendu
» les gémiffements profonds qui s'élevent de
» ces fombres retraites, où l'innocence fouffre
» quelquefois à côté du crime, & par fes foins
» elles ont déjà été réparées ou reconftruites
» dans un grand nombre de villes. »

(p) Etabliffement où l'on nourrit les enfants avec
du lait de vache. Des loix auffi conformes à l'huma-
mànité n'indiquent pas feulement une grande fenfibilité,
on y reconnoît encore le génie d'un homme qui veut
faifir tous les moyens d'augmenter la population ; c'eft
elle qui fait la force d'un état. Les enfants mal nourris,
les enfants-trouvés, les malades font prefque tous
dérobés à la fociété par des abus d'éducation, de foins,
de pofition, &c. Les faire ceffer, eft l'art d'un politique
comme d'un homme fenfible.

Que ne pouvons-nous, MESSIEURS, publier ici tous les bienfaits particuliers que la modestie de M. Necker dévoue au silence (q), vous parler d'une épouse digne de lui, vous représenter une maison où la paix habite avec la vertu; vous y chercheriez vainement le luxe & son frivole appareil, vous n'y trouveriez que la simplicité, la décence, la frugalité; & quand on vous diroit que vous êtes dans la demeure d'un ministre des finances, du mobile d'un grand état, pénétrés d'un saisissement religieux, vous en croiriez à peine à vos sens !

Si toutes ces vertus sont honorables & précieuses dans un citoyen ordinaire, leur intérêt & leur éclat augmentent quand elles résident dans le cœur d'un homme public. Quelles

Maison intérieure.

(q) Malgré son attention à les cacher, il en transpire toujours qui nous font partager la reconnoissance de ceux qui en sont les objets. Nous lisons dans le mercure de France, du 24 mars dernier, que le receveur d'un village voisin de Roye en Picardie, ayant eu le malheur d'être incendié, perdit tout ce qu'il possédoit en bestiaux & meubles, excepté 2000 livres de deniers royaux qu'il eut le courage d'aller chercher dans les flammes, pour les porter le lendemain au directeur de Roye. M. Necker, instruit du fait, en rendit compte au roi, & écrivit de sa main au paysan, que sa majesté lui faisoit don des 2000 livres qu'il avoit portées au directeur de Roye.

actions de graces ne doit-on pas au monarque qui a fu dépofer fon autorité dans des mains qui en font un fi bel ufage ! C'eft alors qu'on connoît tout le prix de la vertu ; propagée par l'exemple du chef, elle devient plus refpectable à nos yeux, fon enthoufiafme s'empare des ames les plus froides, les peuples apprennent à la chérir, les mœurs fe rétabliffent, & le miniftre jouit alors de la double fatisfaction de faire du bien aux hommes & de les rendre meilleurs.

L'antiquité a fourni de grands modeles en tous genres, fes faftes nous nomment une infinité de généraux célebres, d'orateurs, de philofophes, de poëtes, d'hiftoriens diftingués ; les royaumes & les empires qui ont fucceffivement occupé la furface de la terre dans ces temps éloignés, offrent peu de miniftres remarquables, & la nature fembloit alors réferver les grands hommes pour les républiques ; dans le nombre de citoyens vertueux & utiles qu'elle y a fait naître, elle femble *Ariftide.* préfenter dans *Ariftide* l'adminiftrateur que la France poffede aujourd'hui. Né chez les Athéniens, dont le caractere a tant de reffemblances avec le nôtre, il ne parvint aux grandes charges que par fon mérite ; l'amour du bien fut toujours le grand mobile de toutes fes

actions ; la Grece entiere lui donna le nom
de *Juſte*, & c'eſt ce nom glorieux qui nous le
rappelle en ce jour (r).

Chargé de l'adminiſtration des finances, il
s'en acquitta avec un déſintéreſſement qui n'a
jamais été mieux imité qu'en cet inſtant ; il
voulut rétablir l'ordre & l'économie ; mais,
comme l'intérêt & l'égoïſme vivoient avant
Athenes, ils y vinrent combattre Ariſtide.
Une foule de gens que ſa vigilance démaſ-
quoit, l'accuſa d'avoir malverſé dans ſon
adminiſtration ; la trame réuſſit un moment,
& le *juſte* fut proſcrit ; mais les principaux
citoyens & les gens de bien, rougiſſant d'une
ſi grande injuſtice, dévoilerent l'iniquité de
ſes ennémis ; la peine lui fut remiſe, on le
continua dans ſes fonctions pour l'année ſuivante, & il les reprit avec l'acclamation générale. Voulant connoître alors tout ce dont
peuvent être capables les hommes qui n'obéiſ-
ſent qu'à l'intérêt & à leurs paſſions, il parut
oublier ſa premiere ſévérité ; il feignit de fer-
mer les yeux ſur les abus, & bientôt ceux qui
l'avoient déchiré le louerent publiquement,
ils firent même des brigues auprès du peuple
pour le continuer l'année ſuivante ; mais au

_____

(*r*) Plutarque, *in Ariſtid.* Diodore Sic. *lib.* 11.

moment de l'élection, il se leva, & dit fière-
ment : « Athéniens, quand j'ai rempli mes
» devoirs avec zele, vous avez voulu me
» condamner, & depuis que j'ai feint de vous
» sacrifier à l'intérêt, l'on vante mon admi-
» niftration.... : je me retire. »

Vertueux, défintéreffé, jufte comme Ariftide, M. Necker auroit fait plus que lui ; il
auroit continué à faire du bien aux Athéniens
malgré eux ; il n'auroit pas renoncé à travailler
au bonheur public, parce qu'une partie des
citoyens n'aimoit que le défordre ; il n'eût
point été découragé par les cris des ames
intéreffées ; & méprifant également leurs mur-
mures & leurs flatteries, il auroit continué à
fervir fon pays, & à le défendre contre les
déprédations des méchants. Cette façon de
penfer le met au deffus d'Ariftide ; elle nous
le promet pour long-temps, & la confiance
du monarque, qui a fu le difcerner, nous en
donne la certitude.

Les annales de notre monarchie nous pré-
fentent trois grands miniftres des finances,
l'abbé Suger, le duc de Sully, & Colbert (ƒ).

(ƒ) On ne nomme pas ici tous ceux qui ont rendu
de grands fervices à l'état par leur génie & leurs né-
gociations, tels que les cardinaux d'Amboife & de

Tous trois vrais amis du bien public, leur administration fut sage & heureuse.

Ministre sous Louis VI, & régent du royaume pendant que Louis VII alloit combattre en Orient pour la cause de Dieu, Suger reçut le nom de *pere de la patrie*, & jamais ce titre ne fut mieux mérité. C'est lui qui porta les premiers coups à la puissance féodale, & son gouvernement sage rendit les peuples heureux. S'il eût vécu encore quelques instants, il auroit détourné son roi d'une démarche que ses conseils avoient déjà su retarder, & des siecles de malheur & de guerre eussent été évités à la France (*t*). Mais il faut observer que dans ce temps, l'administration n'étoit

L'abbé Suger.

Richelieu ; on ne s'occupe que de ceux qui se sont principalement attachés à l'administration intérieure & aux finances.

(*t*) Louis VII avoit mené en Orient sa femme Eléonore. Le prince d'Antioche fit naître des soupçons dans son ame, qui, joints à l'antipathie naturelle des époux, déciderent le roi à répudier Eléonore à son retour en France, sous prétexte de parenté. Elle se remaria à Henri, duc de Normandie ; il fut depuis nommé roi d'Angleterre, sous le nom de Henri II. Ce mariage unit l'Aquitaine, dot d'Eléonore, à l'Angleterre, & il occasiona ces guerres funestes qui ont duré si long-temps, & qui ont rendu les Anglois maîtres de la capitale & d'une grande partie du royaume.

pas, à beaucoup près, auſſi compliquée ni auſſi difficile que de nos jours. Le royaume n'avoit pas la moitié de ſon étendue actuelle ; les revenus des rois ne conſiſtant, pour ainſi dire, que dans le produit de leurs domaines, ils étoient d'une perception facile ; les dépenſes extraordinaires étoient ſuppléées par les ſecours momentanés des vaſſaux & des peuples ; & on ignoroit juſqu'au nom des droits nombreux qui forment aujourd'hui la branche la plus étendue des finances. Les travaux en tous genres étoient donc bien plus ſimples, & Suger, maître abſolu de l'état pendant l'abſence de ſon maître, n'avoit à craindre ni les obſtacles de l'intrigue, ni la calomnie ; il pouvoit ſans peine ſe livrer à ſes vues bienfaiſantes, & perfectionner l'adminiſtration intérieure.

Sully. Sully, après s'être ſignalé dans les batailles, vint remplir dans le miniſtere les vues d'un maître qui vouloit que tous ſes ſujets fuſſent contents. Il trouva une dette immenſe, des finances épuiſées ; ſes ſoins & ſes réformes firent reparoître l'ordre & l'abondance ; l'agriculture fut honorée & protégée, les impôts diminués ; ſon économie rétablit l'équilibre dans les finances ; il fit des épargnes conſidérables, & mit ſon roi en état de faire du bien

au

au dedans, & de se faire respecter au dehors.
Mais ce grand homme eut un avantage qui
lui permit de se livrer au bonheur public avec
bien du succès ; il étoit l'ami de son souverain.
Élevé avec Henri, une douce conformité de
mœurs & un sentiment irrésistible les lioient
l'un à l'autre ; le roi le connoissoit, & il n'eut
pas besoin de l'étudier pour se reposer sur
lui des soins de l'administration. Sully avoit
sur Henri le pouvoir énergique de l'amitié ;
M. Necker n'a eu sur Louis XVI que l'ascen-
dant paisible de la vertu : étranger, & long-
temps perdu dans la foule, il a été appellé
par un prince qui a su le distinguer, mais qui
le connoissoit peu ; il a fallu mériter son estime
avant que d'exiger sa confiance. Sully avoit
déjà fait un grand pas au moment où M. Necker
étoit encore immobile, & il eut par consé-
quent moins d'obstacles à vaincre, avant de
porter sa main courageuse sur les abus & les
désordres.

Colbert a beaucoup contribué à la gloire *Colbert.*
du siecle de Louis XIV : il s'appliqua singu-
liérement au progrès du commerce ; & pro-
fitant de l'heureux talent des François pour
perfectionner tous les arts, il sut les fixer
parmi nous ; il multiplia les manufactures, &
les rendit célebres dans toute l'Europe ; mais

ce qui a immortalifé fon adminiftration, c'eft
qu'il fut perfuadé que l'augmentation des con-
noiffances influe beaucoup fur la profpérité
politique d'un état : il infpira à fon maître le
noble deffein de favorifer les fciences & les
lettres ; des favants furent appellés de tous
les points de l'Europe, & récompenfés avec
magnificence ; des académies éclairées fe
formerent, & l'on vit reparoître le fiecle
d'Augufte. En protégeant les fciences & le
commerce, Colbert fit entrer en France les
lumieres & la richeffe, & fon miniftere fera
toujours une de nos époques brillantes. Le
royaume a contracté des obligations éternelles
envers lui ; mais elles feroient peut-être plus
grandes encore, fi fes regards euffent été tour-
nés plus fouvent fur l'agriculture, & s'il fût
entré dans fes vues de faire agréer à Louis XIV.
la diminution d'une dépenfe de fafte qui ab-
forboit tout le fruit de l'économie de fon
adminiftration, & dont les grandes fecouffes
fe font propagées jufqu'au regne de Louis XVI...

M. Turgot. En parlant des miniftres fages, que nous
retrouvons aujourd'hui dans M. Necker, qu'il
nous foit permis de nommer M. Turgot, &
de verfer avec la patrie quelques pleurs fur la
cendre d'un citoyen vertueux & jufte. Voué
au bien public, il ne négligea rien pour le

procurer, & y parvint souvent ; long-temps
à la tête de l'administration d'une province
où son nom est chéri, il l'a rempli des mo-
numents de sa bienfaisance... (*u*) ; contrôleur
général, il n'occupa cette place qu'autant de
temps qu'il en fallut pour manifester ses vues
patriotiques ; plein de goût pour les sciences,
il sut les cultiver avec fruit ; & à l'ame la plus
sensible, il joignit le plus grand empressement
de voir éclore le bien ; toutes ses démarches
y tendirent ; la bonne foi, le désintéressement,
l'esprit de justice sont des qualités respectables
qui lui mériteront à jamais l'estime & les
regrets de tous les bons citoyens.

La France auroit donné long-temps des
larmes à sa mémoire, si M. Necker n'étoit
venu les essuyer ; personne ne pouvoit mieux
que lui, rappeller le souvenir des bons ministres ; & en même temps consoler de leur
perte, parce qu'ils revivent en lui ; leurs génies
bienfaisants sont venus l'animer ; nous retrouvons en lui leurs caracteres, leurs lumieres
& leurs vertus : mêmes vues, même esprit de
sagesse, même justice. ...

Suger fit le bonheur de la France, dans un *Guerre*
temps où la piété du prince l'ayant expatrié

_____

(*u*) M. Turgot fut long-temps intendant de Limoges.

avec une armée très-nombreuſe, devoit avoir
épuiſé le tréſor public & fatigué les peuples;
le ſage miniſtere de Sully ſuccéda à des guerres
civiles funeſtes, & aux déſordres en tous genres qu'elles entraînent; Colbert vint après les
troubles de la frende & de la minorité de
Louis XIV; mais M. Necker a paru dans les
finances après un ſiecle de dérangement; les
guerres malheureuſes de la fin du regne de
Louis le Grand donnerent la premiere com-
motion; celles qu'a eu à ſoutenir pluſieurs
fois ſon petit-fils, des révolutions dans les
affaires publiques, des mutations continuelles
dans le miniſtere, avoient amené les choſes
au point le plus critique; la guerre ſurvenue
contre nos anciens rivaux, n'auroit pas changé
la ſituation de l'état d'une maniere avanta-
geuſe....; c'eſt cependant dans ſon ſein, c'eſt
après des maux couvés par le temps, que ce
miniſtre eſt parvenu à les réparer & à ſoulager les peuples; nous diſons les *ſoulager*,
car c'eſt le faire, que de leur épargner des
malheurs preſque inévitables.... N'eût-on pas
répandu la terreur dans les ames des François,
ſi on leur eût dit, il y a quelques années: « nos
» dépenſes annuelles excedent notre recette
» de vingt-quatre millions; il faut ſoutenir
» une guerre diſpendieuſe; nous n'avons

» point de vaiffeaux, & il faut élever une
» marine nombreufe & redoutable.... »

A cette époque, chaque citoyen s'attendoit
à fuppléer aux befoins de fa nation par des
charges devenues néceffaires ; le patriotifme
l'aidoit d'avance à en fupporter l'augmentation.... Avec quel étonnement ce même citoyen
ne doit-il pas fe voir aujourd'hui, dans la même
fituation où il étoit avant ce moment de crife ?
Il n'a point fenti le fardeau de la guerre ; ce
n'eft point avec le fruit de fes peines qu'on a
relevé & accru la grandeur de l'état ; tandis
que fes concitoyens vont verfer leur fang dans
des contrées éloignées, il repofe d'un fommeil
tranquille, il laboure fon champ fans inquié-
tude, & il voit avec furprife que dans le filence
des campagnes, un grand nombre de fes
freres ignore qu'on fe bat dans tous les points
du globe. Juftement frappé d'admiration, il
croit alors qu'une divinité préfide au bonheur
de la France, & il ne fe trompe point.....
Qu'il porte fes regards fur le trône, il y verra
la bienfaifance affife, & à fes pieds le génie,
l'ordre & la vertu.

Quelle jufte défiance l'adminiftration actuelle ne doit-elle pas faire naître dans l'ame
de celui que le temps viendra nous montrer
après M. Necker ? Quand la mort frappa

du Guesclin, dont les cendres reposent près de celles de nos rois, les plus braves & les plus sages guerriers de France, *Clisson*, *Sancerre* & *Couci*, refuserent tous trois l'épée de connétable, en disant *qu'ils n'osoient la porter après ce héros* (x)....

Si le ministre qui succédera à M. Necker veut le bien, ses craintes se dissiperont ; il sera, par ce désir seul, digne de le remplacer ; il ouvrira le *compte rendu*, & il y trouvera les moyens de lui ressembler.... : cette lecture pénétrera son être des principes qui y sont consacrés ; sa douleur se mêlera à notre douleur, & l'ame de M. Necker passera dans la sienne....

C'est dans cette source respectable que tous ceux qui sont à la tête d'une administration, peuvent puiser les maximes qui doivent les diriger ; ils y trouveront de grandes leçons & de grands exemples ; c'est en se conformant à ce code sacré, qu'ils rempliront leurs devoirs & l'attente de leurs concitoyens.

En vous traçant, MESSIEURS, le tableau de l'administration de M. Necker, en parlant de ce qu'il a fait comme homme d'état, en rappellant ses vertus particulieres, notre unique

---

(x) Clisson ne l'accepta que sous le regne suivant.

but a été de payer une portion de la dette publique, & de fatisfaire notre cœur à l'égard d'un grand miniftre ; infpirés par la vérité & la reconnoiffance, nous avons dit ce que penfent tous les François ; & la poftérité, ce juge impartial des hommes, ne prononcera jamais fon nom fans répéter d'après nous: « il eut la fageffe de Suger, l'économie de » Sully, les vues de Colbert, la droiture de » Turgot ; & comme eux tous, il aima fon » roi, & fit le bien des peuples. »

F I N.